文芸社セレクション

へんろ道にて

中窪 利周

NAKAKUBO Toshichika

文芸社

目次

四国遍路のこと

私の四国遍路は、一九九〇（平成二）年七月二六日（一番札所霊山寺）に始まり、一九九五（平成七）年七月一四日（八八番札所大窪寺）に終わる。

この四国遍路の目的は何だったのか、何故四国遍路を始めたのか、その動機を思い出すことができない。当時の日記を読み返してもよく分からない。その年の五月八日に『四国遍路をしたい気持ちは何故なんだろう』と記している。毎日書いた日記ではないが、遍路についての記述を拾ってみると、『書店で四国八八ヶ所を調べる。想いは七月二六日からの遍路だ。歩かなければ』（七月七日）、『遍路出発の日が近づく。やはり無理な面がある。タイムリミットのある旅だからネ。あと二日あれば当初計画のままに行けるのに、途中交通機関を使うことになるかもしれないなー』（七月二三日）、『四国遍路、暑い方がいいよ。何か楽しみな感覚が今の自分を支配している。後でどう思うかは分からないけどさ』（七月二四日）、『四国遍路、長い旅になりそうだ。種田山頭火の世界に僕は居る。何か見つけてきたい』（七月二五日）とあるだけ。

その本当の理由には辿り着けないと思うが、当時の自分を残しておくため四国遍路を振り返ってみたい。

遍路（巡礼）

自分の中で遍路（巡礼）に対する知識は、人形浄瑠璃『傾城阿波の鳴門』の巡礼おつるであり、野村芳太郎（原作・松本清張）さんの『砂の器』の本浦千代吉親子の放浪くらいしかなく、四国遍路を意識したのは、中島丈博さんの『野のきよら山のきよらに光さす』、早坂暁さんの『花へんろ』からかもしれないが自分の遍路と直接繋がるものではない。

では、動機は何だったのか。願掛けのようなものがあったのかもしれない。親の病気、子供の病気の治癒を願ったことも事実だが、家族には申し訳ないがそれは直接の理由ではない。また、マラソンの夏季トレーニングだったような気もする。当時、冬場のマラソンシーズンには毎週のように各地のレースに参加していた市民ランナーだった。今はもう夢の夢だが、その頃はサブスリーランナーを目差して走り込んでおり、長距離走の練習に歩くことがいいのかどうか分からなかったが、効果があると思ったのだろう。しかし、四国以外にも歩くところはあるわけで、これも直接の理由ではない。

ひとり旅

独身の頃、目的のない、ぶらり旅が好きだった。年に一度一週間ほど休暇を取り、計画も立てず知らない土地を旅するのが楽しみだった。結婚し、子供ができると、そんな自由な行動が難しくなってきた。しかし、ひとり旅を忘れられないもうひとりの自分が何とかできないものかと思案した結果の四国遍路。何の理由もなく、突然の四国遍路ではやはり家族を納得させることはできないが、プラス要因がちゃんと存在した。妻は九州大分の出身で、年に一度夏に子供を連れて実家に滞在する。私も迎えを兼ね、数日過ごすことにしており、大阪から別府までフェリーを利用していた。それを、四国経由で行けばいいわけで、豊後水道はフェリーで一時間の距離である。着々と四国遍路が具体化してきた。

ひとり旅。これが本当の理由だったのかもしれない。

山頭火

種田山頭火は現在はよく知られているが、私が最初に接したのは高校三年生の時で、親しかった文学少女が教えてくれた。彼女が与えてくれた影響は大きく、今も忘れられない存在である。その彼女と四国遍路の途中で出会うことになるとは思いもしなかったが、いい想い出として残っている。

山頭火の句（それまでに接した俳句とはまったく違った）は、自由律ということ以上に書かれている世界が何故か琴線に触れた。それ以来山頭火と過ごしている。七月二五日の日記にもあるように、山頭火を感じながら遍路を始めたのは事実のようだ。ひとり歩きながら何かを見つけようとしていた当時の自分が懐かしい。

山頭火の生き様を肯定はしないが、放浪と酒はもうひとりの私の巾に現在も棲んでいる。

日記と短歌

旅をする時、必ずメモ帳を持っていく。何かを感じた時、また、必要な情報を書くためであるが、無意識のうちに始めた癖である。当然この四国遍路にも持参した。将来に遍路記録をまとめるつもりで書いたものではないが、遍路道の途中で自然とペンを走らせていた。自分が生きていた記録として、その瞬間を書きたかったのだろう。旅のメモは、以前からの癖で自然なものであったが、四国では短歌を詠んでいる。札所の御詠歌からの発想かもしれないが、短歌を詠むための遍路ではなかったし、そんな心得もなかった。単に、気持ちが五七五七七として自然と出てきたのだろう。短歌は遍路二日目の二七日の途中からメモされている。二年目以降は詠むことも遍路の目的となった。

足跡

そして私は、四国遍路を振り返る旅に出た。自分で写した写真を見ながら、メモ帳の日記と短歌を整理しながら、歩いたへんろ道のこと、出会った人たちのこと、四国の風景を思い出している。思い出を辿る旅も懐かしいが、やはり自分の足で巡りたい。そんな日が来ることを願っている。

納経帳とアルバム以外に私の四国遍路を残しておきたくて、これを書いている。そして、『四国遍路日記』と『歌集へんろ道にて』は、創ろうとしても創ることのできないものであり、間違いなく私の四国遍路の記録である。

二〇〇三（平成一五）年三月　記

これからが
一番苦しい…
頑張ろう
へんろみち保存協力会

四国遍路日記

巡った札所
1990年（平成２年）
７月26日～７月31日
23札所

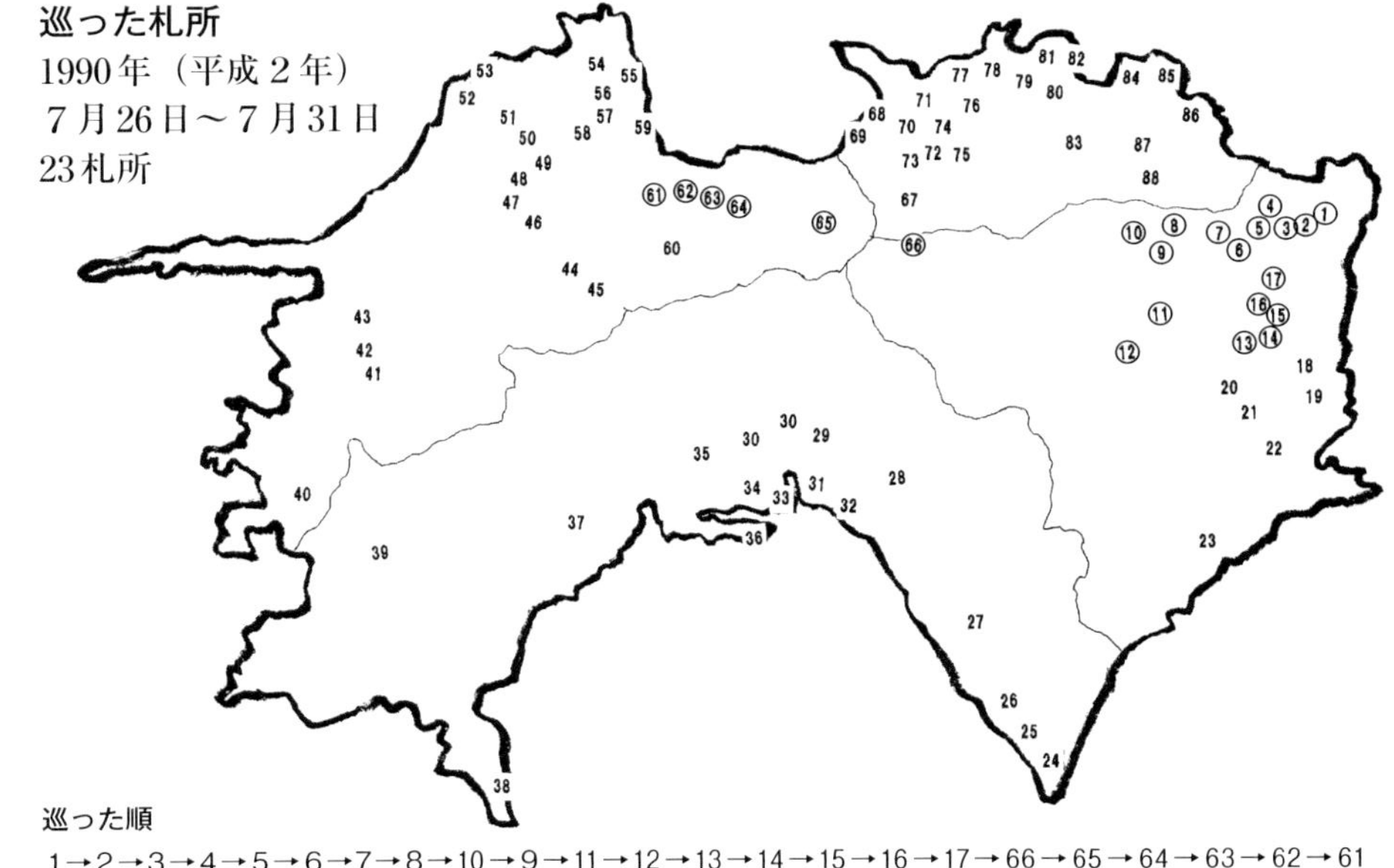

巡った順

1→2→3→4→5→6→7→8→10→9→11→12→13→14→15→16→17→66→65→64→63→62→61

一九九〇年

七月二六日

2：30　出発
3：00　南港着
4：00　乗船
4：40　出航
5：05　接岸
5：40　徳島港上陸
6：00　霊山寺（1番）　着
7：30
9：20
9：25
10：10

起床（一時四〇分頃には目が覚めた）。
この時間帯の名阪は初めて。トラックばかり。
切符発売前、屋台（バス改良）できざみうどんを食する。四五〇円也。
うらら丸の接岸を見る。海だ！
ようやく明るくなってくる。
航送券を引き換える（あかつき丸）。
（・・・も知らず眠っていた）
起きた。

暑い！　車を置く。

11：00　霊山寺　　　　発
11：19　極楽寺（2番）着
11：50　極楽寺　　　　発
12：00　金泉寺（3番）着
12：45　金泉寺　　　　発
13：50　大日寺（4番）着

とにかく遍路の仕方を尋ねなければ。若いお坊さんにいろいろと聞く。遍路のガイドブック、納経帳、納め札、鈴、白衣（結局着なかったが）を求める。

一七番まで歩いて此処へ戻ると話すと、一週間はかかるかもと言われたが予定は四日間。

何とかなるさ。車を職員用の駐車場へ置かせてもらい、地図を頼りに歩くことにする。

果して無事に戻ってこられるのやら。

暑い！

リュックに付けた鈴の音が心地よい。

家へＴＥＬ。カロリーメイト食す。


暑い。男性一人とすれ違う。

少女に「コンニチワ」と声をかけられる。

とにかく暑い。

納経所で「もう少し早ければ学生さんが二人で歩い

ていたのに」と言われる。四〇分ほど前のことらしい。

14：07　大日寺　　　　発　田んぼの上、赤トンボが舞っている。

リュックが背にくいこむ。

14：30　地蔵寺（5番）着（羅漢堂を経て）

マメが心配。

納経所で初めて他人に会う。金札をもらい、謂われを聞く（先達のこと、お守りとか）。

「歩いて行くの？」と尋ねられた。

14：48　地蔵寺　　　　発

16：05　安楽寺（6番）着　約一km一五分ロス。道を取り違える。

途中、少女の会釈。

日陰を求めて歩く。しかし、陰はない。

16：15　安楽寺　　　　発

16：30　十楽寺（7番）着　やっと着いた。

宿坊がある寺。

16：45　十楽寺　発
17：00　安楽寺　着

泊の予定で歩いてきたのに学生の合宿で泊まれず。夏場の宿坊は合宿所になることが多く、泊まれない場合があるらしい。前の安楽寺はユースだからと聞き、TEL。来た道を戻ることにする。

歩きの若者と会う。彼は先に進み、僕は戻る。


とにかく一日の汗を流したい。風呂に入る。実に気持ちがいい。やはり両足にマメができている。ジョギングとウォーキングは違うみたいだ。

高知から鳴門へ向かう四国巡りの学生と相部屋。あと二人来るとのこと。

九州へTEL。

明日は一一番までの予定。泊を一一番近くのF屋に決めTEL。食事は出来ないとのこと。泊だけ頼む。ある程度計画を立てねば野宿だね。宿坊も学生の合宿があるしさ。今夜計画しよう、一二番の問題を！

相部屋四人、静岡と埼玉の学生が二人。一番～六番まで遍路の山口の教師（M氏）と僕。Mさんも僕と同じ様に五番～六番で道に迷ったとのこと。同じコースを歩いた様だ。ガイドブックの地図が判りにくかった、と意見が一致した。明日一〇番まで行くとか。僕は一一番までだ。

考えてみれば昼食なし、二番でアクエリアスとカロリーメイト四ブロック、途中、アクエリアス、五番でポカリとカロリーメイト二ブロック、途中、キリンのスポーツ飲料一本だ。

19:00

大盛りカツカレーを食す。思えば久しぶりの米だ。味よりもとにかく美味かった。

20:00

疲労のためか、今後の一応の計画をたてて眠る。右肩のコリがひどい。また、両足のマメが不安材料。中学生の合宿、一二〇人、騒がしい。理科の授業が始まるとさすがに静かになった。

七月二七日

7：45　安楽寺　発
8：00　十楽寺　着
8：15　十楽寺　発

今日も暑くなりそう。蝉がうるさい。

ユース代、三〇〇〇円也。

Mさんと埼玉の学生と三人で歩く。

ヤクルトの帽子を被ったオジさんを見る。

お二人さんは納経へ。階段に座し記す。

昨日は気付かなかったタバコ畑を幾つも見る。余裕が必要だ。

二人の女性と会話。若い女性と初めて話をする。広島の食品会社の研修で、ツマミを売り歩いているとか、タイシタモンダ、暑いぞ！「大学のサークルの合宿ですか？」とは学生に見えたのだろうか。

一寺一寺こうしてゆっくりと出来たらいいのにさ。

今日はこのペースで。蝉がうるさい。

Mさんと二人で歩く。

田植えの済んだばかりの田んぼ、代かきのおわった田んぼ。そうだ、二期作なのだ。

9：15　熊谷寺（8番）　着
9：35　熊谷寺　　　　発
11：03　切幡寺（10番）　着

とにかく暑い、アスファルトに陽炎が立つ。

三三三、二三四〔今ではこの数字の意味が思い出せない。石段を下から上ると三三〇段とガイドブックには書いてあるが……〕の石段がきつい。山門から本堂まで上り。

遠いこと。

11：20　切幡寺　　　　発
12：15　法輪寺（9番）　着（逆打ち）

ここは逆打ちが正解だ。

干からびた大ミミズ、それに群がる蟻。

水の豊富な灌漑用水、農薬がなければ顔を浸けるのに。

頭を垂れた稲穂、植えられたばかりの早苗。

色々な風景が在る。

12：30　法輪寺　　　　　　　発
山門前のソバ屋で皿うどんを食す。五〇〇円也。冷たい麦茶ばかり飲む。スイカ一片の接待を受ける。

13：15
九番山門前発。

14：15
吉野川を渡る。

14：50　藤井寺（11番）　着
鴨島駅近くの踏切でMさんと別れる。
昨日七番で別れた男子と再会。東大阪（瓢箪山）のS君、仏教大の二回生。これからのお互いの行程について話す。

15：40
二人でF屋へ。
他の予約客があり、食事出来るとのこと。彼の荷物を置き、国道沿いのスーパーへ明日の食品を買い出しに自転車を借りて行く。歩いてきた道が自転車だと風を切り「アッ」という間に国道へ。しかし、人間の脚は偉大だ。

15：50
彼は山道を行く。二時間ほど歩くとのこと。
テントがあると行動範囲が広がるからいいね。

17：00　風呂に入り、洗濯とシャンプー。気持ちがいい、仕合わせを感じる一瞬だ。
両足踵のマメが思ったよりひどい。踵なんて…。

18：00　夕食。米を多く食す。昼、皿うどんだもの。

20：30　明日に備えて眠る。
暑さのせいか寝苦しい。
一、二時間毎に目が覚める。

七月二八日

朝食。マラソン以上に食べておかねば。
同宿の人に「お寺さんですか」と尋ねられる。
焼山寺への山越えを話す。遍路ころがしという難所らしい。ガイドブックでは八時間。

7：00　F屋発。

藤井寺　発

山道に入る。

7：55　S君のテント跡へ。『テント跡地・見る人が見たら、拾って行きましょう』のメッセージを拾う。石で重しをしたノートの切れ端。何時に発ったのだろうか。

7：59　長戸庵。中で読経する男性あり。

8：45　柳水庵着。

しんどかった！　ただそれだけ。

パン一個食す。オジさんと話す。「お接待じゃ」と缶コーヒーをもらう。S君も通ったとのこと。

9：05　柳水庵発。奥さんと会釈。

キツイ、キツイ！

9：40　一本杉庵着。

鈴を落としているのに気付く。何かの危険で身代わりになってくれたと信じたい。

10：40　ダウンしているS君に出会う。

六時にテントをたたんだとのこと。

暫し休憩。一緒に歩く。

11：00　焼山寺（12番）着　とにかく難所だ。

12：25　焼山寺　　　　　　発
四時間で歩く。エラカッタ！
ガム一個、ジュースでもと一〇〇円の接待を受ける。

14：30　国道にやっと出る。

15：00　ハンバーガーショップでS君にお接待。一〇〇〇円也。

15：10　ハンバーガーショップ発。
O旅館に泊まることにする。S君は大日寺へ。もう出会うこともないだろう。
O旅館。オバさん一人でやってるみたい。
夕食は出来ないとのこと。もう慣れている。たった一人の客のために風呂を沸かしてもらい汗を落とす。感謝。

18：30　九州へTEL。
旅館前の食堂で夕食。お好み焼きと焼きそば、そして久しぶりの酒、キリン一番搾りを二本飲む。市井の会話に接し、何故か懐かしい。高校野球の話だ。

ビールがよくきく。こんな遍路がいてもいいじゃないの。

Ｏ旅館へ戻る。ＴＶのある部屋だが、見る気もない。天気予報だけ見る。台風が発生しているのが気掛かり。

七月二九日

5:45　ＴＶを点ける。これはＢＳなの？

ＮＨＫで四国霊場巡りを観る。梅原猛の案内で初日に巡った地蔵寺が映っている。『心を旅する・四国遍路』という番組であった。

オバさんと一緒に朝食。旅館じゃなく普通の家なのである。この時期、遍路宿はオフらしい。長い会話を愉しむ。

7:20　Ｏ旅館発。三三〇〇円であった。

10：40 大日寺（13番）着
11：00 大日寺 発
11：39 常楽寺（14番）着
11：57 常楽寺 発
12：07 國分寺（15番）着
12：27 國分寺 発
12：47 観音寺（16番）着
13：00 観音寺 発
13：35 井戸寺（17番）着
14：00 井戸寺 発

三時間二〇分で二〇kmか。暑かった。
サイクリングする福岡からの青年と会う。
途中パンを買い、食いながら歩く。
自転車の彼に会う。S君への伝言を頼む。
石の上に座りてパンを食う。

自転車の彼とはもう会えないだろう。

これで本当の遍路は終わりだ。よく歩いたよ。ホント。府中駅まで歩くか。

14：15
府中駅着。四八分の徳島行きに乗ることにする。待ち合わせの長いこと。

14：48
府中駅発。

16:10　板東駅着。

16:30　霊山寺着

やっと帰って来た。

二六日に説明を聞いた若いお坊さんにあきれられた。一週間はかかると思っていたとか。売店のオジさんにはいい脚だと言われた。オバさんにあの奈良ナンバーはあんたの車だったのと言われる。途中で鈴を落としたことなど話す。かのお坊さんに宿泊を頼むが宿坊がだめなため、民宿をとってもらう。ありがたい。

ＭＹ ＣＩＶＩＣの様子をみる。エンジンはかかる、無事な様だ。歩く方は予定通り。あとは車の運転が心配。

17:30　Ａ民宿でシャワーを浴びる。

左踵のマメは潰れていた。よくもったもんだ。しかし、ひどい状態である。明日は車でまわるかな、行ける所まで。

七月三〇日

誕生日である。

そういえば、職場のキャンプでも四国で誕生日を迎えたことがあったな。

民宿のオジさんに、八幡浜からフェリーで九州へ渡ることを話す。途中、車での札所巡りの行程を教えてもらう。

7:35 発
霊山寺
雲辺寺（66番）
三角寺（65番）
前神寺（64番）
吉祥寺（63番）
宝寿寺（62番）
香園寺（61番）
〔六六番から六一番まで車でまわる（メモ帳に記載なし）〕

18:20 八幡浜着。一日車に乗り、シンドイ。歩くほうがイイネ。

七月三一日

フェリー乗り場前のビジネスホテルに泊。

五時前に起きる癖がついてしまったネ。

朝食前後にハガキを九枚書く。日頃の御無沙汰、ひどいもんな。

三二歳の誕生日をチクワと缶ビールで独りやる。こんなもんだよね、いい気分である。今までの食事を思うと、昨日だけが食べた感じだ。

二六日・カロリーメイト

二七日・皿うどん

二八日・パン、時間外れのハンバーガー

二九日・パン

三〇日・焼きめし、ギョーザ

一便早い一〇時一〇分発のフェリーに乗れる。別府が一時か。昼飯食って家族のところへ行こう。

昨日は一日車で巡ったが、札所へ着いた時の空しさは何なのだろう。単にスタンプ集めになってしまいそうで嫌になった。宗教心のない、経も読めない僕には、歩くことのみが宗教心だと思える。ようやく想い出のマメもよくなりつつある。脚で巡った寺は思い出せるが、昨日のは印象うすいよネ。汗の中、汚いカッコウで巡った事がいい経験となった。

〔メモ帳に書いたまま、文章としては……だが、それなりにいいではないか。日記の他、自然にペンを走らせた短歌が詠まれている。それらは、「へんろ道」として別にまとめた。歌集とはいえないけれど、併せて読むとなかなかのものだと自負しているのだが〕

巡った札所
1991年（平成3年）
7月21日～7月24日
6札所

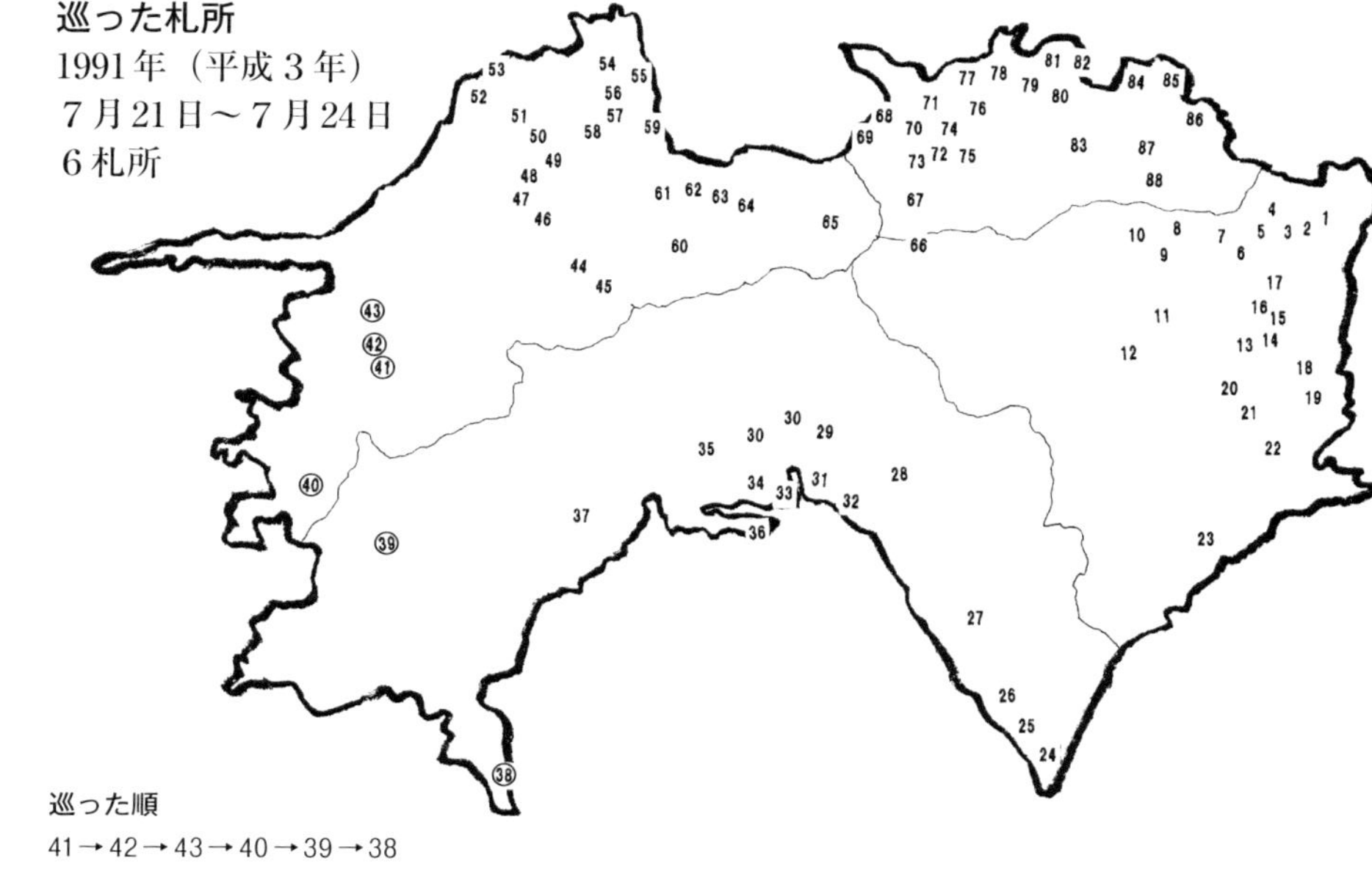

巡った順
41→42→43→40→39→38

一九九一年

七月二一日

8:20 龍光寺（41番）着
8:40 龍光寺 発
9:15 仏木寺（42番）着
9:30 仏木寺 発

道路へ出る。九時五三分。
へんろ道、昨年の焼山寺みたいだ。

11:45 明石寺（43番）着

ザルうどんを食す。五〇〇円也。

12:17 明石寺 発

14:10

歯長峠の上で休む。マメ潰れる。肩痛い。左足の痛みでてきた。

14:23

マメの治療をして出発。

15:29 龍光寺 着

車に辿り着いたゾ！

〔メモ帳にはこれだけ、あと短歌数首。前年と違い一日だけの遍路。しかし、中身は濃かった。雨にも降られたし、歯長峠が印象的だ。このあと車を走らせ中村市へ向かう。途中、

観自在寺（40番）

延光寺（39番）

をまわる。渡川（四万十川）を渡り中村着。M氏、K氏と予定の宿でおちあう。二人は既に到着していた。現地集合の旅行も楽しいもんだ。途中の行動を肴に宴会、中瓶七〇〇円とは。川海老のフライが美味かった。そして、『藤娘』。

二二日は足摺から、竜串・見残し方面へ。足摺岬で、

金剛福寺（38番）

へ参る。今年の遍路予定は終了。

あとは楽しく、普通の旅行者として青春を送ったのである。四万十川の源流を求めて・・・・〕

巡った札所
1992年（平成４年）
７月20日～７月24日
22札所

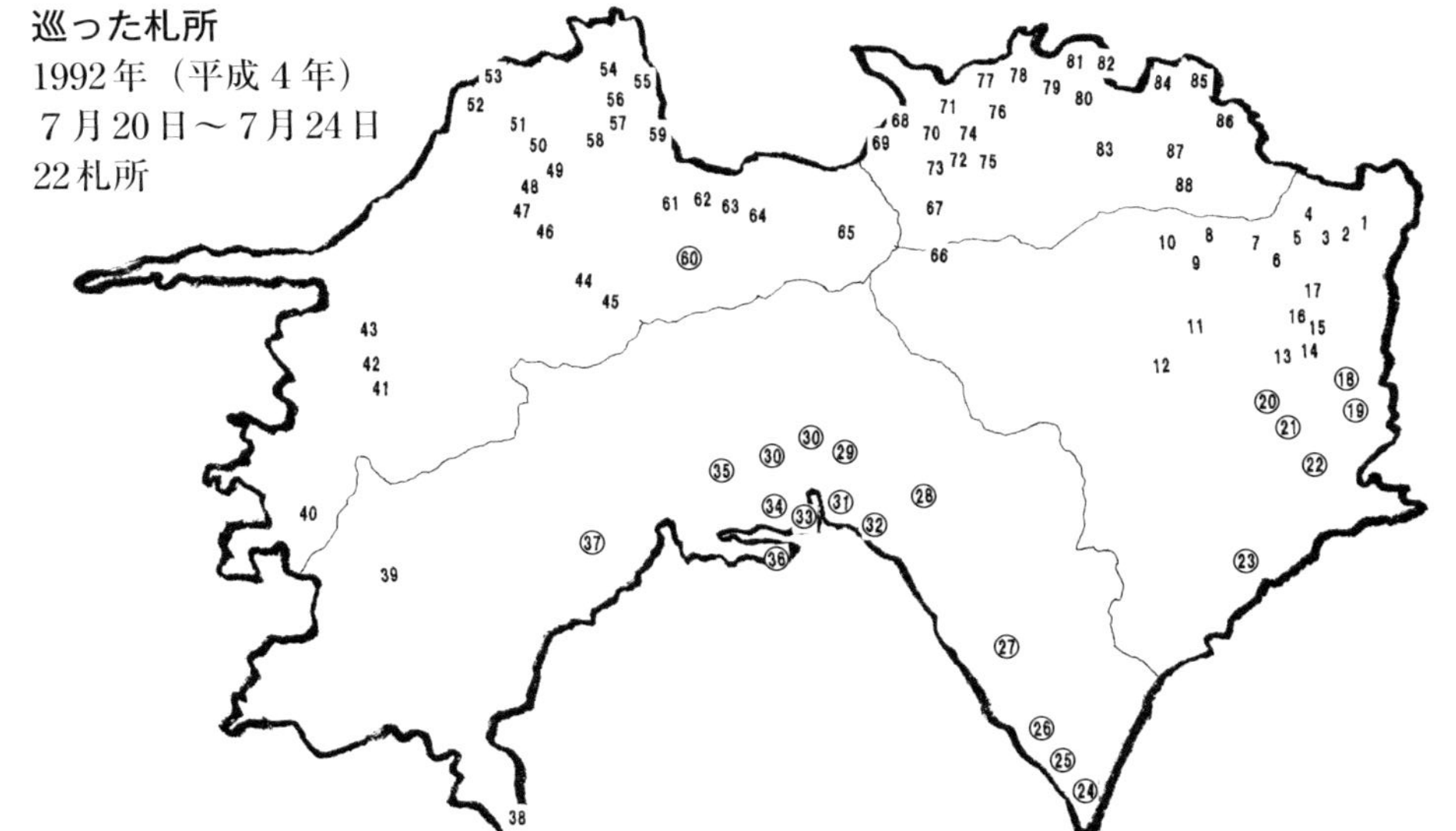

巡った順
60→20→18→19→21→22→23→24→25→26→27→28→29→30→35→34→30→33→32→31→36→37

一九九二年

七月二〇日

14：15　三崎港上陸

19：05　横峰寺駐車場着発。

（黒瀬ダムコース）すごい坂道。

19：10　下見にて上る。一〇分歩いても寺は見えず。諦めて車へ戻る。一九時三五分。汗かいて気持ち悪い。途中、夕焼けが美しい。下界（街の灯）を見て、今夜は車の中で眠ることにする。

19：40　夕食はパンだけだ。

山は静かだ。

七月二一日

4：50　夜が明けた。

東の空が明るくなってきた。朝焼けを見るのは久し

5:15

ぶりだ。虫の鳴き声だけが響いている。蜩、ウグイスがよく聞こえる。

何て長い夜だったのだろうか。正直怖かった。

ちょっとした音にも敏感になって、時計の針が進まないのが気になって、一時間毎に目を開けて、雨の音（一粒の音）がこんなにも大きかったなんて。

薄曇りの夜空に月が輝いていたのは半月だった。星は二つ見えただけ。とにかく朝は仕合わせだ。やっぱり俺も怖がりだな。

車では（シートでは）寝られない、腰が痛い。

「こんな夢を見た…のタイトルで見た夢が暇にまかせて書かれている」

見た夢を思い出せる分、メモする。○時までは一時間毎に目を開けてたからそれ以後、三時頃までに見たものと思われる。よくわからないものや、車で眠るという同じシチュエーションのものもある。

すっかり明るくなってきた。今日はどれだけ走れるかな。

車を降りて、運動でもしなければ、腰が非常に痛い。

5：50　太陽が眩しい。今日も一日暑くなりそうだ。

6：00　思えば何時から会話がないのだろう。パンを買った店員の「ありがとう」が最後だから、一二時間以上も前だ。孤独を楽しんでいるのかな。でも、やっぱり怖かった。駐車場での一夜は。

少々早いけど登るとするか。汗かくぞ！

6：25　横峰寺（60番）着　参拝する。

6：37　星が森へ向かう。

6：45　星が森着。石鎚山頂を眺むる。美しい。

7：10　納経を済ませ寺を出る。オバチャンと話す。

久しぶりの会話だ。梅雨が明けたそうな。

7：25　横峰寺　発　駐車場着。出発。

林道使用料一六五〇円也。

11:55　鶴林寺（20番）着
12:15　鶴林寺　発
12:55　恩山寺（18番）着

13:10　恩山寺　発
13:20　立江寺（19番）着
13:30　立江寺　発
14:30

焼山寺の話をする。柳水庵、一本杉庵の話、あの歩いた時が甦る。お接待と納経代もらう。合掌。


〔徳島駅前のミスタードーナツでLを待ちながら〕

恩山寺での会話は実感を伴う。子供連れで一本杉まで登ったオバサン。あの苦しさと、素晴らしさを知っているのは体験した者だけだ。

二〇〇円のお接待が、今日歩いて来た事に対してなら申し訳なく思う。会話らしい会話に感謝だな。

車の中に迷い込んだ一匹のカ、その羽音だけが同乗者となる。気になるのだけどありかが分からない。

一五時、Lが来た。時間どおりだ。

さてさて、何を語ろうか。十数年ぶりだものな。

〔宿で書いている〕

すぐ分かった。同じ年を経ていると、同じ分、歳を喰って老いが分からない。止まることなく会話が出来たことが嬉しい。

彼女が創作から離れたのがかなしい。

一五時から一七時過ぎまで約二時間話し続ける。会話がなかった分だけ、それに、中学からの付き合いだし、高校を卒業してから数回会った人だけに楽しかった。お互い二児の親となって、それでいて子供のままの感覚でいて、彼女の迷惑も考えずTELした時の緊張感、しかし会えて嬉しかった。時間が許せばもっと話したかった。

ある意味で、創作しているのは彼女のお蔭だもの。子を置いて、妻を置いて、父は自由に自分を求めている。そして、中・高校時代の同級生にTELし、二時間も会話をする。これがお遍路さんかい！

僕は、遍路は自分になる事だと思っている。昨夜は独り森の中で怖かったのも事実。Lに会ったのも事実。自分になるため四国に来ているのだから。

二時間でも一緒にいると別れるのが何故か淋しくて。お接待と手土産までくれた。

徳島で生きた時間を持つ不思議さ。

昨夜と違い宿に泊まる。二一番前のS屋さん。メシはなくても風呂さえあれば仕合わせだ。遍路をしていると食事より風呂がありがたいな。汗を流し、湯につかると本当に生きている悦びを感じてしまう。

もちろん、畳に布団もいいけど。昨夜の怖かった一夜と違い、今夜はこうしてペンもとれる。

〔Lに会う前に書いていたところへ戻る〕

そのカと結局一夜を過ごす。夜明け、助手席の窓に居た。殺さず逃がしてやる。友だもの。左足首、左手、ｅｔｃ．喰われた部分がだいぶある。これも遍路か。

それとあの大ミミズ、相も変わらず道にはべっている。何故か空しくなってしまう。人間を見るようで。

一九時過ぎ九州へＴＥＬ。みんな元気とのこと。安心した。こうして独り旅に出られるのも家族に感謝だ。

この四国遍路は何としても生かさなければ。僕の場合、作品としてだけど。やるぞ！

七月二二日

5:50　起床。

今日も快晴。暑くなりそう。

遍路宿のオバちゃんはみんな親切、仕合わせだ。

宿を出る。車のラジオ（ＡＢＣが入るのだ）で道上洋三を聴く。なんて懐かしいんだろう。

7:50　太龍寺（21番）（駐車場）着

急な上り坂。まいった。

8:40　太龍寺（駐車場）発
9:10　平等寺（22番）着
9:25　平等寺　発
10:10　薬王寺（23番）着
10:30　薬王寺　発
11:55　最御崎寺（24番）着
12:25　最御崎寺　発
12:35　津照寺（25番）着
12:50　津照寺　発
13:10　金剛頂寺（26番）着
13:30　金剛頂寺　発
14:20　神峯寺（27番）着
14:40　神峯寺　発

15：35　大日寺（28番）　着
15：45　大日寺　　　　　発
15：55　龍河洞着。
16：35　龍河洞発。
17：30　K荘着。
風呂へ入る。仕合わせ。
18：20　食事。呑む。
〔部屋で〕
お接待じゃと言って、土産を買ってくれたL、もう四国人となっているのかな、と感じた。あの感覚が好きだったのだろう。オジサン、頑張ってるのだぞ。

七月二三日

九州を出てから初めて食事らしい食事を夕食としたためか（ビールのせいか）クテッと眠ってしまっ

た。もっと文章を書かねばネ。

6：00　起床。今日が四国最後だ。

7：30　出発。

8：15　国分寺（29番）着

8：35　国分寺　発

8：55　善楽寺（30番）着

9：00　善楽寺　発

10：00　清瀧寺（35番）着

10：15　清瀧寺　発

10：42　種間寺（34番）着

11：00　種間寺　発

11：50　安楽寺（30番）着

12：00　安楽寺　発

12：25　雪蹊寺（33番）着

12：35　雪蹊寺　発

12：45　桂浜着。昼食にアイスクリンを食す。龍馬の銅像の

13：05
13：20
13：30　禅師峰寺（32番）着
13：40　禅師峰寺　発
14：10　竹林寺（31番）着
14：25　竹林寺　発
15：05　青龍寺（36番）着
15：20　青龍寺　発
16：50

下で二〇〇円也。

桂浜発。坂本龍馬記念館着。

坂本龍馬記念館発。


大野見村着。

苦労のすえYさんのランクルを発見。職場の派手なパラソルを見つける。

今夜はYさん一家のキャンプにお邪魔。去年は宿で、今年はキャンプ場で知人とおちあう約束。面白い旅をしている。Yさんが釣った本場四万十の鮎を食べさせてもらえるはず。楽しみだ。

七月二四日

8：25
9：00　岩本寺（37番）　着
9：25　岩本寺　　　　　発
13：00

Yさん一家と別れキャンプ場発。

大きな鮎が美味かった。感謝。


Yさん一家とも会えて、予定通り。今から九州へ向けてただ走るのみ。

三崎港着。

アア～しんど！


〔Yさんのテントへ着くなり火をいこす（おこす）。

我が家の炭のつきが悪かったナ。焼肉とビール、そして四万十川源流の大きな鮎、それに毛のある猪まで御馳走になる。

地元のオジサンと夜遅くまで語る。主に戦争の話だ。若者がいない村ではこんな男でも話し相手になるらしい。

過疎、現実なんだね。橋本大二郎は来たらしい。河原での食事はいいもんだ。静かだった〕

〔例年どおりメモ帳には短歌ががんばって詠まれているのだ。歌は歌でまとめる予定。三年でいったい何首たまったのだろうか。楽しみだ〕

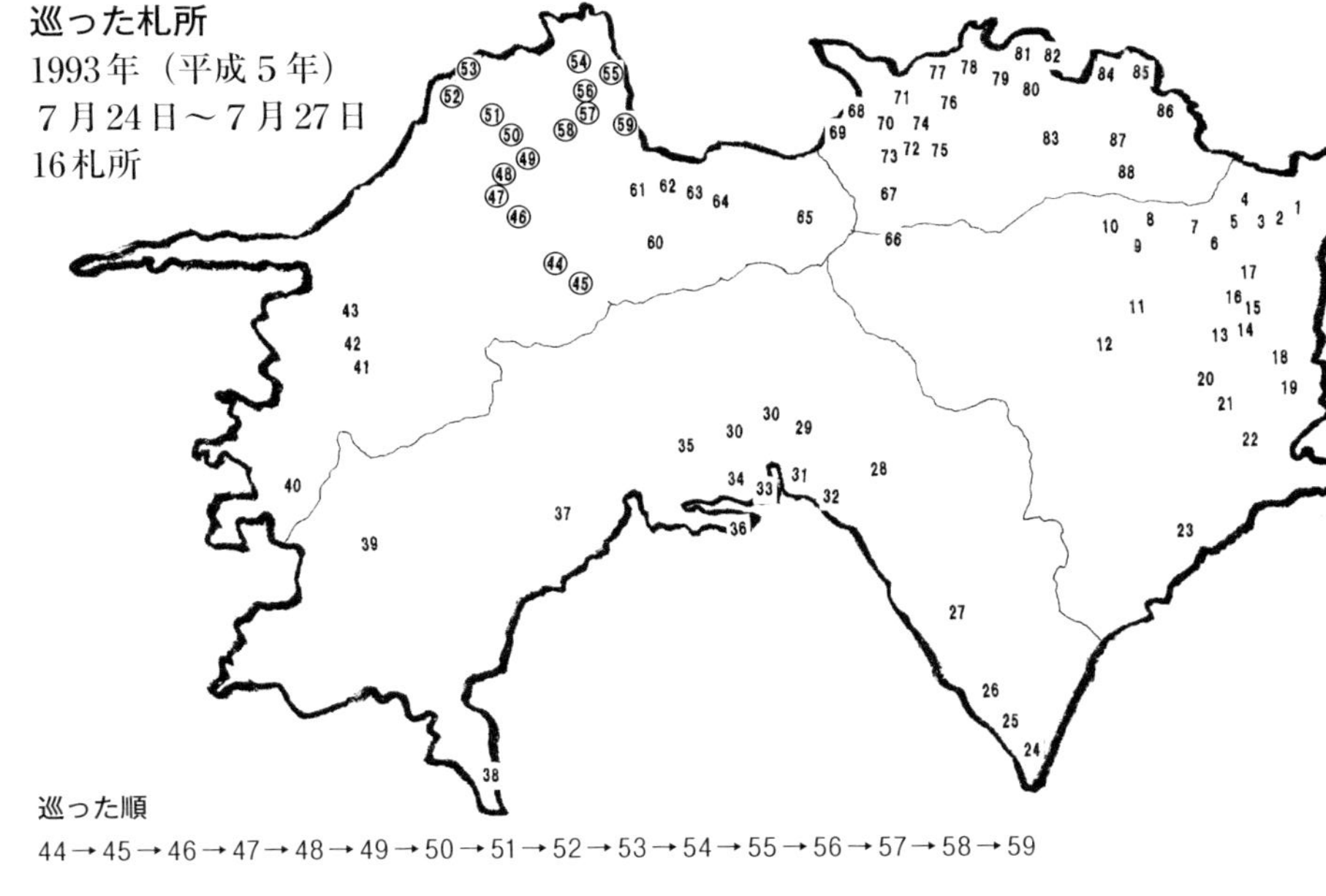
巡った札所
1993年（平成5年）
7月24日～7月27日
16札所
巡った順
44→45→46→47→48→49→50→51→52→53→54→55→56→57→58→59

一九九三年

七月二四日

8:20　Yさんより TEL。台風四号のため、予定変更とのこと。テントをたたみ、肱川の箇保へ泊まるとのことなので部屋の予約を頼む。キャンプ出来ず残念。今この晴天が……信じられない。雨（？）の四国へ向かうことにする。

13:00　佐賀関港発
出航五分前、一便早いのに乗る。

14:20　三崎港上陸
台風のせいか風が強い。
大洲でパンと牛乳を食す。
大洲家族旅行村を見て（本当ならここで一晩過ごすはずだった）箇保着。

16:30
Yさん一家と合流。一年ぶり。
バーベキューできず残念である。

七月二五日

6:55

8:25

10:00　大寶寺（44番）　着
10:25　大寶寺　発
10:50　岩屋寺（45番）　着

11:30　岩屋寺　発
12:50　浄瑠璃寺（46番）　着

13:05　浄瑠璃寺　発
13:07　八坂寺（47番）　着
13:20　八坂寺　発
13:30　西林寺（48番）　着

ニュースで台風四号の動きを知る。雨の四国となる。当然外は雨。

Yさん一家と別れ、簡保発。

家へＴＥＬ、台風無事とのこと。

駐車場から一〇分歩く。雨となる。


長い山道、石段を上り一一時着。山の石面に掘ってあるなかなかの眺め。さながら、岩の屋敷だ。

激しい雨。蜩が啼いている。

有能なナビが欲しい。ミスしたな……。

蜩がアブラ蟬となる。雨があがるか……。


Yさんにもらったバナナ一本食す。

13：40　西林寺　発
13：50　浄土寺（49番）着
14：05　浄土寺　発
14：10　繁多寺（50番）着
14：25　繁多寺　発
14：35　石手寺（51番）着
15：00　石手寺　発
15：25　太山寺（52番）着
15：50　太山寺　発
15：55　円明寺（53番）着
16：05　円明寺　発
16：40

本堂まで長いなー。

工事中なり。本堂前にユンボがおわす。

S荘着。アーしんど。
風呂に入り汗を落とす。雨と汗。午後は暑くなって、走りすぎたかな。
明日は暑くなりそう（晴れそうだ）。
九州へTEL。何事もない旨確認。

19：20

19：30　道後温泉『神の湯』に入る。少し熱くはないかい……。『壁湯』の方が好きだな。しかし、あの『道後温泉本館』に入ったのだ。

七月二六日

8：10　快晴。昨日の天気が嘘のようだ。
BUT、台風五号発生。気になるところだ。
S荘発。
家へTEL、台風無事とのこと。
暑い！

9：30　延命寺（54番）着
9：47　延命寺　発
9：57　南光坊（55番）着
10：15　南光坊　発
10：25　泰山寺（56番）着
10：50　泰山寺　発
11：00　栄福寺（57番）着

観光バス御一行とはちあわせ。まいったなー。
ツアーにはまいった。あれだけの数だもの。

11：15　栄福寺　発
11：25　仙遊寺（58番）　着
11：35　仙遊寺　発
12：05　国分寺（59番）　着
12：20　国分寺　発
14：00

久しぶりの山道、途中仁王門建立中。木肌そのままの阿吽だ！

あのツアーとまたはちあわせ。

ご朱印を先に書いてもらった。

今年のへんろ、予定終了。

とにかく、スタンプラリーにはならないようへんろをした。本当は歩きたかったけれど、もう無理かな。車も暑い。道もわからん。

あとは無事戻るだけだ。合掌。

E会館着。駐車場に車を置き松山市営球場へ。

一四時一〇分昼食なし。ラガー一本を買いレフト外野席へ。松山商VS川之江。六回表、松山商攻撃。

暑い！　最高だ！　高校野球も久しぶり。

一五時五分、八対一で八回コールド。松山商業の勝利。もう一回観られると思ってたのに。

奈良はどこが勝ったのか。

松山に来てるのだから子規だね。『子規堂』へ行く。文学づいてきたな。漱石と子規。

『坊ちゃん列車』なんだ。

一日二食の生活が三日目、毎年四国は昼食抜きだ。身体がそれに慣れ、空腹感がなくなってしまう。そして夕方（今日は）松山銀座でビールを呑んでいる。大瓶ラガーが五五〇円とは安いやないか。ボンボン古時計がインテリアの店なり。

今日の松山、三一度とか。暑かった筈だ。

昨日が今じゃよかったみたい。梅雨明けにはならず、台風五号!!

『水の旅人』を観る。

期待以上の作品。大林マジックだ。今までにない作品だネ。自然、家族、夢、友情、みんなミックスされていてグッとくるシーンがいくつもあって満足しています。

大林さんらしい作品で、相変わらずの画面処理、カット割りというかカメラ位置というか、みごとです。会話の妙だネ、山崎努さんの一人芝居。大変だったろうな。メイキングを観てたから充分楽しめた。『一寸法師』は水の旅人だったのかもしれないネ。しかし、あのオワンがバッチリだナ。みごと！

そして、原田知世はいい女になったのだ！

今年、感動の一本です。黒沢さんよりも大林さんの方が―〔何と書いたのか読めない〕―カメラの使用は上手かもネ。

七月二七日

台風五号・・・〔読めない〕

早い便をねらって早く出たが欠航。七時過ぎ松山を出て九時半ごろ八幡浜港着。豪雨である。三崎まで行くも同じく欠航。八幡浜へ戻り、あの懐かしの『Sビジネスホテル』を予約。朝のうちに予約してよかった。やっと部屋に入ってくつろぐ。二〇時三〇分の便も？　明朝六時二〇分をねらってみる。

半日予定がズレたと思い安全策をとろう！

二〇時三〇分別府行きが運行。〇時二〇分に乗ることとする。

〇時二〇分に乗る。深夜便。

三時一五分別府着。

四時過ぎまで別府港駐車場で仮眠。

五時三〇分帰着。アーしんど。

朝霧の湯府院は本当に美しかった。

〔今年は何といっても台風。四国上陸から九州上陸まで台風と一緒。早めの決断は大切です。Yさんの判断は的確でした。簡保の食事より、あまごが食べたかった。まこと残念でした。昨年は大野見村での河原、今年は畳とクーラーの部屋。一年は本当に早いのだ。淋しくなるばかり。納経帳は歴史だな。四年四国に入り、札所を巡ったけれど結果OK。上手くまわったと思う。偶然もあったけれど六六番まで終了。あと二二番（香川県）を残すのみ。関西からの方が近くなった。今後のことはまた考えるとして、おへんろさんだ！

歩くことはもうないかもしれない。しかし、一番から一七番まで、四一番から四三番までは歩いたのは自分でも満足。まさしく『おへんろさん』であったわけでいい思い出である。

短歌も詠めなくなったみたいだ。歩いた時は立ち止まり書いたものネ。今は宿の時間潰し。今年は高校野球を数首、道後温泉が数首、それなりの収穫であった。来年ははたして・・・・〕

巡った札所

1995年（平成7年）

7月12日～7月15日

22札所

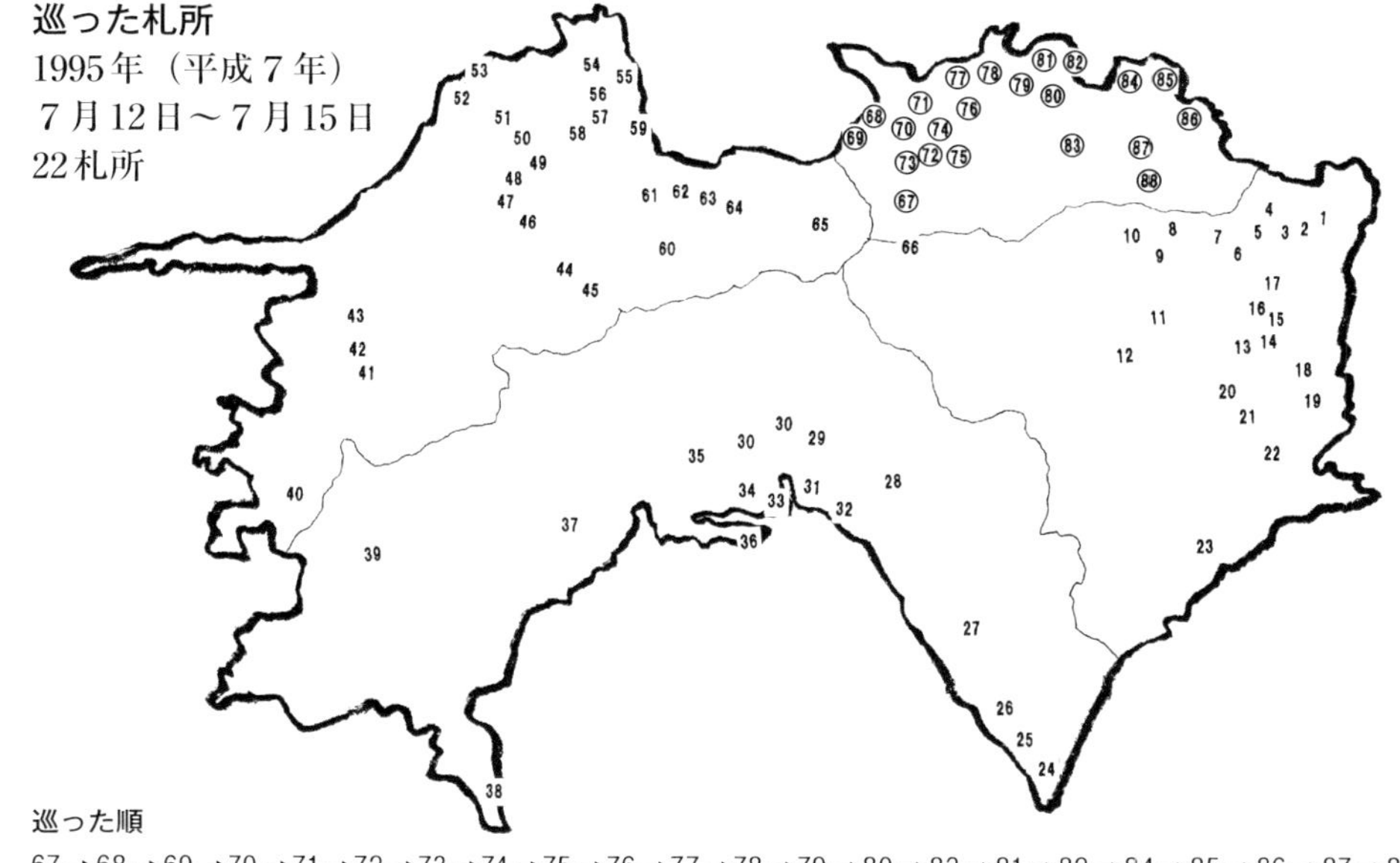

巡った順

67→68→69→70→71→72→73→74→75→76→77→78→79→80→83→81→82→84→85→86→87→88

一九九五年

七月一二日

22:00　出発
23:25　南港着

中途半端な時間だがしかたない。有効に時間を使いたいから。明朝二時二〇分発フェリーの時間待ち。家で眠ったら起きられないし、港では仮眠も出来ないし、体力勝負だ。

待合室にてTVを観る。アメリカ大リーグオールスターゲームでの野茂の先発・好投のニュースと、豪雨による新潟、長野の被害を櫻井さんが伝えている。この両端にあるニュースが同じように流れている。僕は四国を目指している。先週の雨の被害が残っていない事を願う。今は新井市のTさんが心配だ。無事なことを祈る。しかし、昨年は水不足。自然はやはり自然なのだ。人間は所詮人間なのだ。

まだ今日だ。乗船手続きまでまだ一時間半ほどある。眠るわけにもいかないし、明日の行程も成り行き任せだし……。この時間でも待合所には人は多く、いろんな人間が居るもんだ。

今回で四国遍路も終わり。何を思うか三六歳……。歩きたいけどそうもいかない現実。三日間の予定だもの。体力的に不安な今だ。もうじき日が変わる。自分の部屋で無駄に過ごす事よりも、これもまた良し。

久しぶりにペンを持った。書くことが苦にならない。不思議だ。家だと何も書けないというのに。TVの天気予報、不安だ。任すしかないケセ・ラ・セラ。

七月一三日

1:25
乗船手続き終了。おとめ丸、二時二〇分発。

あと一時間。めったに呑まないコーヒーを呑む。美味い。

そして眠い。さっきまで読んでいた綾辻行人の続きを読む。

初めて四国へ入った時と同じ港。時間は三時間ほど早いけど。あの時ラーメンを食べたバスの屋台がまだある。神戸で倒壊した阪神高速のライトも続いている。あの灯の先では、まだ震災は続いているのだ。半年前だったナ。車のなかは暑い。風がない。ラジオから懐かしい『雨やどり』が流れている。あの頃僕は何をしてたのやら。

二時乗船。小説の続きが気になるが、とにかく眠るしかない。

起床。快晴である。暑いだろうな。よく眠ったほうかしら。一時間おきに目を覚ましてたけど。

5:30

5:40　徳島港上陸

8：10　大興寺（67番）着（駐車場）

しんどい。オートナビが必要だ。三〇分はロスしたな。

8：35　大興寺　発

9：00　神恵院（68番）・観音寺（69番）着

仁王門改修中、残念。

9：25　神恵院・観音寺　発

9：40　本山寺（70番）着

五重の塔がいい。此処は鐘楼屋根の改修工事中だ。

9：55　本山寺　発

暑い。空腹だ。何か食いたい。汗が流れている。

10：20　弥谷寺（71番）着（駐車場）

10：40　本堂　着

長い石段だ。汗がポタポタと落ちる。

11：00　弥谷寺　発

山の上は、いい風が吹き気持ち良かったのに下界は熱い。アクエリアス一本美味しく呑む。ご朱印を先に書いてもらった。

11：10　曼荼羅寺（72番）着

11：25　曼荼羅寺　発

11：28　出釈迦寺（73番）着　奥の院まで行けず残念。
11：48　出釈迦寺　発
11：55　甲山寺（74番）着
12：10　甲山寺　発
12：15　善通寺（75番）着（駐車場）

前のうどん屋で、ザルうどんとおにぎりを食す。昨夜九時半のサッポロラーメン以来、腹に入る食物だ。美味い。コシのある手打ち。本場である。座って食べる仕合わせだネ。今日あと半日で何処までいけるやら。

朝、徳島に上陸してから車に乗りっぱなし。さすがに疲れた。一九二号線、いったい何回走ったやら。Lと会ったのが最後かな。鴨島なんて懐かしい。一一番・一二番の案内板。初めての年だもの。歩いたあの夏が思い出される。

腹もふくれたことだし、やっぱ空腹はダメだね。こ

13:25 善通寺 発
13:40 金倉寺（76番） 着
14:00 金倉寺 発
14:10 道隆寺（77番） 着
14:20 道隆寺 発
14:45 郷照寺（78番） 着

15:10 郷照寺 発
15:30 天皇寺（79番） 着
15:45 天皇寺 発
16:05 国分寺（80番） 着

こ善通寺でゆっくりしよう。
一二時四〇分。食堂を出る。
ゆっくり歩く。生誕地といっても、奈良の寺と比べてしまうのはしかたのないことか。

一五時五分。野宿は無理と判断。宿を予約。風呂が欲しい。とても今。

16：25　国分寺　発

16：55　一宮寺（83番）着

17：15　一宮寺　発

18：00

18：45

納経所のオジさんと会話。今日になって初めての会話だ。歩きのこと、焼山寺のこと、車で巡るサボリのこと、ｅｔｃ．

明日の行程を考え八三番を先に巡ることにした。タイムアウト寸前。地図（わかりやすい）、ナビシステム、有能なナビが欲しい。

S荘着。本当にわからん道だ。また迷った。

風呂上がりにビールを一本。実に美味い。四国へんろは「あるがままに」。呑める時は呑んでいいんだ、と自分に言って呑んでいる。クーラーのきいた部屋。五年前の自分からは考えられないけど現実。

明日のためにだ。

家へＴＥＬ。何事もない様子。息子は相変わらず調子が悪そう。あいつと歩きたくて、と詠んだ時もあったな。

八八番終わるまでと思っていたけど、ヒゲ剃れないな。納経所で、「立派な髭だ」と言われたらまんざらでもない。毎年伸ばし、へんろ中断とともに剃ってたけれど、一昨年から伸ばしたままで今年。ラストとなりそうだけどもう暫くおいとくか。他にも理由があるしさ。ビール呑みながらペンもよく走る。走るといえば、車に乗ってるだけで二kgやせていた。歩いた年なんか凄かったもんな。

ビールと洗濯。明日のルートは難しいゾ。今日も大変。ガソリンだいぶ燃やしたナ。上手くまわらなければ。車も一人じゃ大変だ。地図とニラメッコ出来ないし。明日も『同行二人』で行きましょう。『あるがままに』、それが会得した僕の四国だもの。

初めて高松の街を歩く。菊地寛通りなんてのがある。わからん、何故かしらん。読んだこともないもんな。像も在る。通りを行くと『父帰る』の舞台とか。知らんはずだ。これから読もうとも思わない。それより、中央公園に水原茂と三原脩の像があった。以前ＴＶで観た記憶がある。そう野球王国・高松だもんネ。もうすぐ高校野球か、一昨年は松山市営球場で県予選を観戦したな、これも思い出。

情報に疎くなる。相撲はラジオから若乃花の黒星を聴いたけど、あとはオウムの事件（松本サリン）続報と、参院選。時代と世間は動いている。しかし、自分は何も変わらず、独り旅だ。

そう、今日一日、朝日放送ＡＢＣを聴いていた。関西エリアなんだネ、徳島・香川は。

観光で来たのなら、それなりに計画をするんだろうけど、札所巡りに来ると観光パンフを見ないから、結局、良い所を逃しているんだろうネ、きっと。それはそれでまたあるさ。

早いもので風呂で洗ったTシャツ等がもう乾いている。明日も着られそうだ。

着の身着のまま精神的なへんろだ、これは。いくら『ありのままに』でも夕食は、野菜炒め定食にビール一本。飲み屋には入れないね。何故かわからないけど、四国に居る時はいつもそうだ。呑まないわけじゃないし、この文章はビールを呑みながら書いているのだもの。ただ、赤ちょうちんには行けないという、僕なりの「へんろ」なんだろうか。

TVでは久米さんと悦ちゃんがミスってた。この空間は奈良と同じだ。違うのはこうして書けることかな。自分中心でいるようで、なかなか子供の事を気にしてたりさ。

昨夜の今（一〇時三〇分）は眠たさの中の運転中。日本は狭いね。こんな時にふと思ったりしてさ。雑文を書いて気を紛らせている。一人遊びの出来る人間だ。
今日一日でほぼ三〇キロ走る。歩けば三〇キロだネ。あの夏をもう一度やってみたい。体力もだけど時間だネ。国分寺のオジさんじゃないけど、歩きたいもんネ。あの足のマメ、日焼けが懐かしいよ。しかし、オリックスは凄い。イチローは今日もホームランだ。この情報はTVから。

七月一四日

8:00　S荘発。
今日もいい天気。暑くなりそう。
瀬戸大橋を眺める。ロケーションは最高だ。

9:00　白峯寺（81番）着
9:25　白峯寺　発
9:40　根香寺（82番）着
牛鬼だ！　高橋克彦の世界だ！　こんなスゴイものだったのか。ショックだ。アニメだ、マンガだ。

10:00　根香寺　発
好きな寺のひとつだ。

10：45　屋島寺（84番）　着

屋島、壇の浦、源平古戦場。時代は確かに動いている。

バスの団体さんだ。時間がかかるぞ。

11：10　屋島寺　発

少々曇り空になってきた。小雨もパラパラ。屋島、壇の浦。その響きが何故か好きだ。公達あわれ。

11：30　八栗寺（85番）　着（駐車場）

ケーブルに乗らず。せめて歩かねばと汗の中。いい汗かいた。

11：50　八栗寺　着

下で一緒になった奈良県ナンバー（大和郡山の中年夫婦）と下りるとき会う。ケーブル時間と待ち時間分歩いて下りると別れる。山門前で会った老人五人を追い越す。若い人は脚がいいと言われる。ダラダラと下りるといい風の中、汗もひく。寅さんのロケがあったのか。スポーツドリンクを呑む。美味い。マラソンの給水だな。いい風が吹いてきた。

12：20　八栗寺　発

12:40　志度寺（86番）着　昨日と違って曇り空。サングラスを外す。

12:55　志度寺　発

13:15　長尾寺（87番）着　八七番まで来てしまった。何故か思うところがあるネ。

13:35　長尾寺　発　納経所でアメ一個の接待。空腹の足しになる。合掌。大和郡山の夫婦と話す。

14:05　大窪寺（88番）着　とうとう結願寺。奥の院まで登る。先の雨で土が流され荒れた山道。あの焼山寺までのへんろ道によく似た道だ。山の中、涼しい風が吹くけど、汗は滴る。

15:00　五年間の四国へんろ結願。山門下の店で葛湯の接待。結願の話題になる。ざるそばを食す。美味しかった葛湯を買う。徳島に宿を予約。

15:25　大窪寺　発

17:10　U荘着。一九二号線、昨日と逆の方向に走る。

一〇番・一一番・一二番という懐しい寺の案内、Lの住んでいた街、時間をつぶした公園、時間は確実に流れているんだ。

家へTEL。

風呂上がりにビールを呑む。ラガーは美味い（昨夜はスーパードライ）。それに三〇円安い。いい事だ。畳に布団、部屋はこの方が落ち着く。

曜が負けた。そう六時前。ハナキンなんだネ今日は。二日休むと世界は変わるよ。現実まで一日。明日の夜は都祁だもの。

『へんろ』、これで終わりじゃないよ、これからさ。足の指、マメが出来てる。八栗寺と大窪寺奥の院で出来るとは弱くなったネ。秋のマラソンシーズンまで走り込まねば。ただ、ランとウォーキングとは違うけど。特に険しいへんろ道はネ。

貴乃花と魁皇、いい勝負だった。一分五五秒、久し振りに熱の入ったいい相撲。

二〇時。食事より戻る。

何故か食べられる。徳島市内より外れるせいか賑やかさはなし。中華料理店、一番行きやすいネ。八宝菜定食にギョーザ、生ビール。なかなか美味い。ビールとキムチを追加。食べられない米を食べられるのは旅だからかしら。今夜は気になっていた綾辻行人の続きを読もう。暫く読書を。

七月一五日

6：00

起床。よく眠った。中心から離れているせいか、車の騒音はなし、列車の音もなし、ヒキガエルのやけに大きな啼き声のみ。昨日、奥の院への山道で見た大きなヒキガエルの所為だろうか。綾辻の『時計館の殺人』を読了。『館』シリーズに魅せられた綾辻ファン。あの感覚と筆が羨ましいよ。

さて、徳島の朝。今年は徳島で始まり、徳島で終わった。一三日のこの時間、香川（観音寺市）を目指して市内を西行していたんだものネ。今日は港から現実への動きをするだけ。結局へんろの終わりは、現実の自分でしかないのかもしれない。

今年は歩きのへんろに会わず。

歌集

へんろ道にて

一九九〇・夏

何の為　ただ歩きたいことだけで遍路はじめる男（やつ）もいるもの

放浪を真似て気分は山頭火心に残るものを書きたし

三日目でマメはますますひどくなり痛みこらえて遍路道行く

口漱ぐよりも最初に頭から水をかぶって参拝をする

ヒリヒリと顔に痛みを感じたら鼻の頭の皮がムケてる

一夏をかけて八十八ヶ所巡るという学生遍路について行きたし

「若いのにえらいな」なんて声かけられる悪業持ちに見えるのだろうか

お札所で「歩きですか」と尋ねられ今は車で巡る時代か

この夏に歩く人は無いというしかし遍路にシーズンってあるの

読経より札所を歩くことが旅『人生は遍路』とポスターにもあり

宿坊で中学生と同じメニュー大盛りカレーを汗かき食べる

お札所の石に腰掛けパンを食う「お若いのにネ」とは何のこっちゃ

一日の汗を洗い落とすより先ず血の着いたクツシタを洗う

冷房のきいた観光バスの中ツアー遍路が我を見て行く

夕立が来れば涼しくなるのにと思えばよけい暑さ厳しき

父ちゃんは頑張ってるゾと独り言いつか息子と歩きたい道

パンを食い乍らも歩くその理由(わけ)は心に余裕無いだけのこと

道端の無人売店に並びたるスイカ丸ごとかぶりつきたし

標識の距離案内にだまされて嬉しかったりガックリしたり

すれちがう年寄りは皆手を合わす我もいっぱしのお遍路さんか

朝の未だ涼しいうちに距離をとり思えど疲れでペースあがらず

逆打ちの遍路と出会うこともなくただ我独りこの道を歩く

札所まであと四キロの標示あり三歩進んで六キロに変わる

太陽は日陰求めて行く我をいじめるように真上から照る

スタンプを集めてまわる事よりも歩いて巡ることが遍路だ

おかしいね　頭を垂れた稲穂田の隣で田植えが出来る四国は

似而非遍路札所を巡る装束はTシャツ短パンジョギングシューズ

すぐそこに自動車（くるま）で巡（まわ）れば札所在り歩いてこその四国巡礼

商売に御朱印集める奴よりも歩いて巡る俺が遍路だ

目が覚めて躰動かす不自由さ肩こり筋肉痛足のマメ

リュックに付けた鈴の音を道連れにただ黙々と遍路道行く

一面の田んぼの中の遍路道眼前に舞う赤トンボの群

山寺の麓の民宿(やど)で明ける夜どこか我家と似てる風景

一日の遍路を終えて風呂に入る汗は落ちても疲れは残る

夜が明けて蜩の啼く朝曇り今日も一日暑くなりそう

これでもかこれでもかと蝉の声まとわりついて歩み進まず

この次は何処に在るのかわからないならば此処でと自動販売機

飲みすぎるほど飲んでいる缶ジュース不思議な事に尿意もよおさず

新聞もテレビもラジオも無いままに世間の事よりもただ遍路道

知らずとも札を納めて掌を合わす我心にも宗教心在り

ただ暑いさっきの札所で飲んだのにまた飲んでいるポカリスエット

干からびたミミズに群がる蟻を見て人間(ひと)の世界を見る心地して

道連れになっては別れそれぞれの遍路道行く人生を行く

肩を刺すリュックの重さそれよりも日にひどくなるマメが気になる

遍路道次の札所の標識が陽炎に揺れるアスファルトの道

遍路道明日は山越え焼山寺藤井寺からその山を仰ぐ

登っても登ってもまた登り坂木漏れ陽のなか山道を行く

アブを追いブヨを追いつつ山越えはクモの巣もまた友としながら

木の枝にぶら下げられた道しるべそれを頼りに山道を行く

この崖をすべり落ちたらしばらくは見つけてくれる人はないだろう

足元を見てただ登る坂道は遍路ころがしころげてたまるか

山越えの途中で憩む柳水庵「お接待じゃ」と缶コーヒーもらう

山道でもう歩けへんと腰おろし汗で重たくなったタオル絞る

もうやめてくれと言いたくなるような坂道続く山越えの道

山を越えようやく此処は焼山寺遍路ころがしとはよく言ったもの

健脚で五時間かかる山越えを四時間で越ゆ我は何脚

「ジュースでも飲みなさいよ」と百円の接待を受く焼山寺にて

山越えでありのままにと教えられ越えて今夜はビールで乾杯

自動車で札所を巡る虚しさは歩いて巡った者のみわかる

七月も末というのに雲辺寺まだ紫陽花が咲いている寺

やっとこさ歩き通して十七番まだ残りたる七十一ヶ所

この道を歩いた先達（ひと）の影を踏み行く我の影踏む人もあり

一九九一・夏

石積の細き長き階段を登りて見上げる磨崖の仏

……国東にて……

喫茶店のモーニングセットで腹ごしらえ似而非遍路の旅は始まる

陽炎も揺れてる三間のへんろ道コスモスの花が揺れてるへんろ道

絶景の歯長峠に蝉の声まだまだ続く明石寺への道

トンネルの中は涼しきへんろ道トラックの音それもまた良し

雨のなか「乗って行かんか」と誘われて「歩きますから」とは何にこだわる

「気を付けて行きなさいよ」と声かけられて見送る車後悔の念

コスモスの花に止まりてアゲハ蝶我の行く道案内している

「コンニチワ」小学生は声かける我も大きな声で「コンニチワ」

「何処行くね」「明石寺まで」と答えると「おへんろさんかい乗って行かんか」

きつかった歯長峠を思いつつ明石寺にて冷しうどん食う

すれちがうその瞬間にわかるもの　貴方もへんろ私もへんろ

川海老のフライを肴にぐいぐいと「藤娘」呑む中村の宿

四ヶ村溝の水車のゴトゴトと心なつかし田園風景

四万十へ来たなら渡れ沈下橋バックで渡れる自信はないけど

四万十の川の流れのたゆとうとゆったり気分で冷酒を呑む

山畦（やまぐろ）の裾を歩けばヒラヒラとやけに大きな黒アゲハ舞う

足摺の空の青さと海の青眺める我は無色透明

ハイレグの娘（ねえ）チャン寝そべる海岸を俄遍路の我が眺（み）ている

昼間から皿鉢料理でビール呑むこんな遍路がいてもいいじゃない

岬より白き尾を引き行く船を眺めておれば空と交わる

一九九二・夏

夜独り木々に囲まれ山に居り虫の音雨音すべて恐怖だ

眠られぬ一時間毎時計見るひたすら朝を待つだけの夜

夕焼けを見てすぐ眠り朝焼けを見てすぐ起きる今朝は快晴

龍河洞スカイラインでは暴走はできないけれどシビックは走る

ネクタイの自分と家族に囲まれた自分と違う我を求める

「若い人は足が早い」と言われれど今年は車で巡る遍路だ

好きでないスーパードライを呑んでおりこれしかなけりゃしかたないもの

十年を経ても変わらぬ君が居り我も変わらぬままと信じて

懐かしき人に電話をする瞬間（とき）は期待と不安を併せ持ちおり

高校を卒（で）た時のままの君と会い我も君からそう思われと願う

十数年経っても君はそのままに喋って時を過ごす人なり

あの頃と変わらぬままの君であれそう願いつつ君を待つミスタードーナツ

二人して眉山の見える街に居て旅の不思議と二時間過ごす

石鎚の山に願いをかけており星が森より山頂を眺める

山越えの思い出を語る恩山寺納経所での会話楽しき

話さずに過ごせる夜を生きてきて些細な会話に驚いている

情報の届かぬ世界を過ごし居て横峰寺で梅雨明けを知る

眠られぬ山の中での夜もよししかし布団の上もまたよし

「幸福の黄色いハンカチ」の健さんの様にシーツに顔をうずめる

札所にて話すきっかけ求めおり巡り合わせの同県ナンバー

三年前歩き通した道を今自動車（くるま）運転（ころが）し思い出してる

高知なら「司牡丹」か「土佐鶴」かしかし私は「藤娘」が好き

土佐の高知のはりまや橋の上で信号待ちとは風情がないネ

一九九三・夏

万智ちゃんのエッセイを読む旅先で歌詠むためのエッセンスとして

鏡台を眺めて我を見つめては人恋しさを紛らわせている

遍路宿独りで部屋を占めており慣れてもやはり誰かを求める

老いたれば淋しさ紛らす術を知りそれは独りが好きになること

湯にひたり汗を流せば世間より離れて我を自分を感じる

神の湯に入り坊ちゃん生きており漱石などは夢の人なり

神の湯でアスリート達は疲れ癒す我は車で巡った遍路

腕と腿ゼッケンナンバー残したるアスリート達と道後の湯

湯上がりに涼んで外を眺めれば車の往来まさしく世間

久しぶり下駄履きのままうろうろと温泉街を彷徨(さまよ)っている

ツバメの巣道後温泉駅の中見上げて座るベンチに独り

下駄の音温泉街の右左土産物屋をひやかしている

缶ビール一本持ってレフト側スタンドで観る高校野球

背を走る汗水の様に今打った打者一塁を駆け抜ける

残塁の数よりもまだ応援団声合わせつつ母校を励ます

赤トンボ群飛ぶ外野スタンドは炎天の下八回の裏

野球観て子規堂訪ね松山は我にとってどんな街だろう

一九九五・夏

四国には我を我にする何か在りそれを求めて　今年も四国

何年も前に走りし同じ道　違う気分の我は走れり

新潟の友の住みおり都市の名が豪雨の被害と高松で聞く

野茂も麻原も村山、イチローも雨も地震も同じＴＶで

歩きたき気持ち半分もう歩くことはないだろ自分に正直

これまでに巡りし札所六十六覚えおりしは歩いた札所

野宿するつもりで巡る札所でも計画よろしく宿を予約す

たとえ車で巡ったへんろにもようお参りと声の優しき

我の顔姿恰好見ておればへんろも板に付いているやに

エジプトのスフィンクスの首が落ち天災人災自然は自然だ

雲も無き空を見上げてハンドルを握れば汗の滴り落ちる

満月を高松の地で見る我の事想いし人は居るや居らずや

水だけで動けし我の限界を知るには四国我を試して

水筒の蓋一杯の水を呑み札所の巡り確かめており

明日も晴れ天気予報は良し悪し人間贅沢我儘気儘

明日の夜何処で過ごしているのやらそれを明日の愉しみにして

もう野宿出来ない年齢になったのか　やる気はあったいつもたしかに

札所札所で会いし人また札所居れば安心居らねば心配

壇の浦屋島源平古戦場何故か哀しき公達哀れ

サングラスかけて世間は曇り空二時間時を我が進めて

中窪が大窪に詣る結願寺シャレているよネ四国巡礼

娯楽無き世界を生きて二日間我の存在こそが娯楽だ

その昔君と見上げし眉山見て過ぎた時間を笑うしかない

納経所使って何年硯石筆先で減る形の深さ

あとがき

三冊の納経帳がある。

一冊は、『伊賀四国八十八ヶ所霊場』のもの。曾祖母が巡ったもので、昭和一一年三月とある。これは、一九九〇（平成二）年に四国遍路に行くと言った時か、帰って納経帳を見せた時に、こんなものがあると母が見せてくれた。現在は、名阪国道もあり車で巡ればそんな遠い距離ではないが、昭和一一年、二・二六事件の年に当時五五歳の曾祖母がどうやって巡ったのかもう知ることはできない。

一冊は、『西国三十三ヶ所霊場』のもの。これは一九九三（平成五）年一二月に観光で一番札所青岸渡寺へ行った際に始め、二番札所以降は父と母がバスツアーを利用しながら一九九六（平成八）年にかけて巡ったものでお軸も一緒にある。

一冊は『四国八十八ヶ所霊場』のもの。これが本書の四国遍路のもの。この四国遍路の記録・記憶を残しておきたかった。

二〇〇三（平成一五）年にまとめたまま放置していた四国遍路の記録を一冊の本にしようと一八年後の二〇二〇（令和二）年に再読した。元号も令和となり三年目、やっと完成させることができた。

一九九〇（平成二）年の第一歩から三一年、一九九五（平成七）年の結願から二六年経っており、現在とは風景も変わっているだろうへんろ道を、写真、納経帳や御影帳を見ながら思い出す時間を持てたことが嬉しかった。

今更そんな昔の事を、との思いより、この記録・記憶を残したいとの思いの方が強かった。札所の写真と数少ない風景写真（現在のようにデジカメ・スマホがあれば膨大な枚数を撮っていただろう）と納経帳で行程を辿ることはできても、札所までの経路、時間経過、その時の気持ちまで辿ることはできない。写真・納経帳・御影帳・本書が揃って四国遍路の記録は完結する、と思いながらの編集作業だった。

本書の編集作業も長い道程となった。写真と納経帳を見ていると、写真にない風景を思い出した。

三〇年も経っているので現在にそぐわない記述もあるだろう。当時見た風景と大きく変わっているだろう。四国遍路の六年間でも道路状況が大きく変化した。特に高速道路。工事中だったのが開通、一部通行区間が全通になったなどの変化を見続けた。

国道、地方道、山道などナビのない車でよく走ったものだ。そして歩いたへんろ道のことをより鮮明に覚えている。へんろみち保存協力会の設置した道標を頼りに歩いた。あの道はどうなっているのだろう。その道標の写真が一枚だけある。へんろころがしと呼ばれる一一番札所藤井寺から一二番札所焼山寺への途中のもの。「これからが一番苦しい　がんばろう」と書かれている。二度と歩くことはないだろうあの道のことは忘れられない。

第二五番札所津照寺の納経所でのご朱印は女子高校生（中学生かもしれない）が書いていた。地蔵尊と書かれた拙い（良い意味で）筆跡。住職さんの娘さんだったかもしれない彼女の真剣な表情と筆致も忘れられない。

この三一年で大きなことから些細なことまでいろんなことがあった。二番札所に着いた時、家にかけた電話に出た父はもういない。大切な、思い出の人たちとの別れ。平成の大合併による故郷の村の消滅。母校の小学校廃校。大きな自然災害による被害。凶悪な犯罪。悪質な事件。定年退職。初めての入院。そして昨年の新型コロナウイルス感染拡大。これまであたりまえだったことがあたりまえでなくなることを体験した。何が起こるかわからない現実が本書をまとめる契機になったのも事実である。

地球環境が変化するなか、過疎化、高齢化し、限界集落となった故郷の将来を思いながら、三冊の納経帳を、そしてこの四国遍路の記録を見てくれる家族・子孫が続いてくれることを願っている。

二〇二一（令和三）年三月

中窪利周

著者プロフィール

中窪 利周（なかくぼ としちか）

1958（昭和33）年、奈良県生まれ。奈良市在住。
既刊：詩集『そして誰もいない海だけ』（1979年　MY詩集出版部）
『過ぎ去りし日日の埋葬』（1984年　新世紀書房）
『哀に棲む』（1987年　日本図書刊行会）
『旅に在りて』（1996年　近代文芸社）
歌集『歌集 2000年』（2005年　新風舎）

本文イラスト／著者

へんろ道にて

2021年 7 月15日　初版第 1 刷発行

著　者　中窪 利周
発行者　瓜谷 綱延
発行所　株式会社文芸社
〒160-0022　東京都新宿区新宿1－10－1
電話　03-5369-3060（代表）
03-5369-2299（販売）

印　刷　株式会社文芸社
製本所　株式会社MOTOMURA

ISBN978-4-286-22705-4